Perles du bac

Laurent Gaulet

MARCEL, LA COLLECTION D'HUMOUR QUI A DU CHIEN !

FIRST Editions

Laurent Gaulet est l'auteur à succès de nombreux livres d'humour chez First dont *L'Officiel de l'humour* et *Ar-ti-cu-ler avec Kiki.* Il a vendu au total plus de 2 millions d'ouvrages.

ISBN : 978-2-7540-7370-7
Dépôt légal : mai 2015
Imprimé en France
Couverture et mise en pages intérieure : Atelier Didier Thimonier

Éditions First, un département d'Édi8
12, avenue d'Italie
75013 Paris – France
Tél. : 01 44 16 09 00
Fax : 01 44 16 09 01
E-mail : firstinfo@efirst.com
Site internet : www.editionsfirst.fr

Impression réalisée par CPI Brodard & Taupin
N° d'impression : 3010047

SOMMAIRE

Enseignement scientifique

Les principaux réservoirs d'eau de la planète sont les cumulus.

Les arbres sont comme les poils : si on rase la forêt, elle repousse...

Des fossiles morts ont été retrouvés.

L'homo sapiens a la grosse tête*.

*Il a une grande capacité crânienne.

La vessie est une sorte de station d'épuration qui fabrique de l'eau potable.

La première conséquence de la déforestation est l'absence d'ombre.

Les moustiques sont de plus en plus résistants aux insecticides et autres tapettes.

Ceux qui ont un gros tronc ne sont pas des gros reproducteurs.

(À propos de la productivité d'un arbre en fonction de son âge.)

La reproduction est meilleure si l'ensemencement se fait sous des plus de 60 ans.

(À propos des semis naturels des hêtres sous les arbres de plus de 60 ans.)

La composition chimique du bois est de 100 % bois.

La condensation est l'action qui consiste à geler la glace.

*Le dioxyde de carbone et le gaz de vache * absorbent les radiations infrarouges de l'atmosphère.*

* le méthane produit par les ruminants

L'homme (et la femme !) a un ancêtre commun avec le chimpanzé.

L'homme était un singe, aujourd'hui il le fait.

La capacité crânienne de l'homme est passée de 500 litres à 1 500 litres *.

*cm^3

Les homo sapiens sapiens retrouvés étaient noirs, ils sont donc nés en Afrique.

L'homo sapine *...

* sapiens

*L'homo sapiens arachide * retrouvé en Europe...*

* archaïque

Les caractéristiques morpho-anatomiques et comportementales qui définissent le genre Homo sont: un bras replié qui porte un sac à main.

Pomper permet de soulager un homme *.

(À propos des pompes antidouleur.)

Le liquide d'arachide* du cerveau...

*céphalorachidien

C'est la théorie des révolutionnaires*.

*la théorie de l'évolution

Pendant plusieurs millénaires, deux types ont cohabité en Europe.

*deux types d'Hommes

Même lorsque le bébé * est bouilli, les nitrates restent dangereux.

* l'eau du biberon

Lors du prélèvement de la DN *...

* l'ADN

La bête à Globine...

* bêtaglobine

Les homos sont africains depuis 2,5 millions d'années *.

* Le genre Homo est apparu en Afrique il y a...

*La coloration de la peau est due à un piment *.*

* pigment

La mélanine est en cellule *.

*Elle est présente dans les cellules.

La peau se colore car elle est gênante *.

*Des gènes sont impliqués dans la coloration de la peau.

L'activité de cette protéine est excitante*.

*inexistante

Le bois est une ressource naturelle sauf lorsqu'il s'agit d'une imitation.

La mélanine sombre est un Pygmée*.

*La mélanine est un pigment sombre.

Voyons à présent quels sont les effets sur l'orgasme*.

*l'organisme

Lorsqu'une personne n'a pas faim, c'est qu'elle est assiettée.*

*en état de satiété

Un individu devrait chaque jour se nourrir d'un rat alimentaire* équilibré.

*d'une ration alimentaire

Le bois peut être utilisé de multiples façons : en bois dur, brûlé ou en poudre.

Un couple qui désire un enfant peut aussi recourir à une fécondation derrière des vitres*.

* in vitro

On recommande aux personnes qui souffrent de cholestérol de consommer environ 350 g de beurre* par jour.

* de fruits et de légumes frais

En France,
100 000 personnes
meurent chaque jour*
du cholestérol.

*environ 250 pour 100 000 habitants par an

Le malade du cholestérol doit impérativement arrêter de manger pour ne pas mourir.

Ce contraceptif masculin permet au sperme de devenir fétide à 100 %.*

*infertile

Autre méthode de contraception masculine : la circoncision.

La méthode
de contraception
la plus efficace reste
la castration.

Contre le ravage des cultures, on utilise :
- des pesticides pour les insectes ravageurs, les champignons, les mauvaises herbes et les vers parasites ;
- la gendarmerie pour José Bové et les altermondialistes.

La place de l'homme dans l'évolution est fondamentale. Sans lui, il n'y a pas de reproduction possible.

Les Africains sont de vieux fossiles *.

* Les plus anciens fossiles sont africains.

À la puberté, le taux de testicule* augmente chez les garçons.

* testostérone

La puberté précoce centrale est la puberté la plus coulante *.

* courante

Les hommes ont des relations * avec les singes.

* des points communs

Les nitrates sont la base de la consommation des Bretons.

(À propos de la pollution par les nitrates en Bretagne.)

De 1990 à 1995, il a fallu passer par les années 1991, 1992, 1993 et 1994.

L'homme et le chimpanzé sont de la famille des ovins*.

*hominidés

Jusqu'à cette découverte de faux cils au Kenya...*

*fossiles

Les récepteurs de la moelle pépinière*...

*épinière

Nous avons tous un chimpanzé parent dans la famille.

Le lapin a une température corporelle de 39 °C alors que les oreilles et lapine * ont une température de 33 °C.

* la queue

L'eau douce des lacs et rivières s'oppose à l'eau sucrée* de la mer.

* salée

À cause des polluants, on retrouve des ovaires * dans les testicules des hommes.

* ovocytes

Il y a deux sortes d'hommes : les mâles et les femelles.

Cette pilule contraceptive pour les hommes leur permettrait d'avoir des rapports avec une femme même lorsqu'elle ne veut pas.

Il existe du sperme bon et du pas bon.

(À propos de la fertilité.)

Avant toute chose, pour avoir un enfant, le couple doit avoir une relation sexuelle tous les neuf mois.

La fécondation in vitro est une méthode de reproduction qui a lieu à l'extérieur.

Même avec la fécondation in vitro, plusieurs coups * sont nécessaires avant d'avoir une grossesse.

* tentatives

L'alpinisme * est une absence totale de mélanine.

* l'albinisme

En milieu urbain, l'eau de pluie met plus de temps à tomber qu'en milieu rural.

Parmi les polluants que l'on retrouve dans l'eau, il y a l'homme.

Plus l'eau fait des détours, meilleure elle est.

L'eau contient du fer que l'on peut aussi détecter en pesant l'eau.

Pour traiter les eaux usées, on lave l'eau.

La contraception orale consiste à ne pas avoir de rapports vaginaux.

Les grossesses hors urines *...

* extra-utérines

Certaines grossesses sont extra *.

* extra-utérines

La pilule peut éviter les boules au vagin*.

*La pilule diminuerait le risque de kystes fonctionnels ovariens.

La pilule bloque la fabrication des œufs.

Mélanie* colore notre peau, nos yeux et nos cheveux.

* la mélanine

Les hommes albinos peuvent avoir la peau blanche et les yeux rouges*.

* bleus ou gris et la pupille un reflet rouge

Dans un rayon de plusieurs kilomètres autour de l'œil du cyclope…*

* cyclone

Accélérer la déforestation permet de lutter contre le réchauffement car ainsi on ne peut plus brûler du bois pour le chauffage.

Les conséquences de la déforestation sont terribles : chaque arbre coupé est un arbre en moins.

Les arbres nous pompent l'air*.

* Ils absorbent une part du carbone émis par l'homme.

La tolérance à la drogue est la quantité de drogue autorisée à la consommation.

Les risques de la baisité*...

* d'obésité

La sédentarité est la perte des dents à cause d'un manque d'activité.

L'indice de masse corporelle est la moitié d'un individu carré*.

*Elle est égale au poids d'un individu divisé par sa taille au carré.

La longueur des habitants d'Okinawa s'explique par leur régime alimentaire.*

*la longévité

Le campagnard * dévore les racines des plantes. Le renard est un prédateur naturel du campagnard *.

* le campagnol

Certaines pratiques des paysans améliorent la reproduction.

(À propos des pratiques agricoles qui améliorent la production.)

La vision des couleurs par l'homme n'est pas la même que celle d'un rat ou d'un babouin. Cette vision qui diffère d'une espèce à une autre pourrait expliquer quelques fautes de goût.

L'eau de pluie n'étant pas propre, on ne peut par exemple pas se laver avec*.

*Elle est impropre à la consommation humaine.

L'eau de pluie peut servir au lavage des voitures et aux toilettes avant de pouvoir être bue.

Parmi les méthodes de contraception : la pilule, le diaphragme, le préservatif, le stylo*.

* le stérilet

En vieillissant, les fromages deviennent de plus en plus fins.*

* Ils s'affinent.

Pendant la période de masturbation* du fromage...

* maturation

Plus l'eau est concentrée en sel, plus elle craquera sous la dent.

La vapeur d'eau
se concentre* pour
se transformer
en eau douce.

*se condense

Lorsqu'elle est chauffée,
l'eau de mer s'enfuit*
en déposant du sel.

*s'évapore

Le pack de contraceptifs...*

*le patch contraceptif

La contraception orale consiste à recracher.

La région d'Amazon* peut ralentir le réchauffement climatique.

*Amazonie

Le problème de l'effet de serre et du réchauffement du bol*...

*du globe

Les conséquences de la disparition des amazones de la forêt*...

*de la forêt amazonienne

Comment contrôler sa tige reproductrice ?

(À propos de la reproduction du maïs.)

La fécondation pour ce couple est impossible : l'utérus de la femme a été bouché par sa trompe*.

*trompe utérine obstruée

Pour l'insémination, on pratique un don de sperme avec une petite pipe*.

*On utilise un cathéter (seringue).

Ce sperme n'ayant pas d'agents reproducteurs…*

Cet homme a des spermatozoïdes mous et fainéants.

Pour économiser l'eau, on peut par exemple se laver avec l'eau de cuisson des légumes.

La pilule du suivant* est sur le marché.

* du lendemain

Après son évaporation, l'eau se précipite sur les océans.

La mer Morte meurt.

L'eau bue boue.

Plus un arbre est vieux, plus il a des cernes.

(À propos des cernes du tronc d'arbre.)

L'âge d'un arbre peut se déterminer au nombre de ses rides*.

*cernes

L'implantation du supermatozoïde...

Autre solution :
le don d'orgasme*.

* d'organe

Une des conséquences du réchauffement climatique est que, l'été, les vieux meurent.

C'est à cause du réchauffement clitomatique*...

*climatique

La montée des eaux aura pour conséquence que bientôt, nous habiterons tous aux étages.

Pour momifier les corps, les Égyptiens vidaient les corps et bandaient en même temps.

Le sang est rouge à l'aller et bleu au retour.

La fonte de la capote* glacière est inquiétante.

*calotte

Le cunnilingus * a la plus grande extension verticale. Il est annonciateur de coups de foudre et de fortes précipitations.

* cumulonimbus

La Terre a un trou dans sa couche qui laisse tout passer.

Certains singes sont restés singes, d'autres sont devenus des hommes.

L'homme était tout petit puis il s'est mis debout et était plus grand.

Lorsque la femme fait ses œufs, elle peut être fertilisée.

Lorsque la femme ovule, on dit qu'elle mouille.

Les masturbations* de femme sont mensuelles.

* menstruations

La mensualisation des règles des femmes...

Certaines plantes ont un système de défense qui peut être un effet repoussant. L'ail, par exemple, donne mauvaise haleine.

La pilule du lendemain est très efficace le jour suivant l'accouchement.

Sa tête de nœud* féconde l'ovule.

*la tête du spermatozoïde

Le spermatozoïde avance à grands coups de fouet*.

*Il progresse grâce à son flagelle.

Le mercure est un métal lourd et 1 kg de mercure pèse beaucoup plus.

L'acuité visuelle d'un aigle est nettement supérieure à celle de l'homme. Pour lire, il peut se tenir entre trois et huit fois plus loin qu'un homme.

Il peut y avoir un risque de handicap tel que la trisodomie*.

*trisomie

L'importance de l'eau de mer est vitale. Sans elle, il n'y aurait pas d'eau dans les océans.

Les chorégraphies permettent de voir si le bébé bouge bien.*

*échographies

Notre corps est sous les ordres du cerveau. S'il ne l'écoutait pas, ce serait l'anarchie.

Le rôle de l'intestin grec*...

*grêle

Le passage de gaz naturel à l'état surnaturel...

Le principal problème de l'alcoolisme, c'est la boisson.

Les quatre pôles géographiques du globe sont : le Nord, le Sud, l'Ouest et l'Est*.

*deux pôles : Nord et Sud

L'altitude des sommets se calcule par rapport au niveau de la mer à marée basse.

Remplacer le chaud par le froid permet de faire fondre la glace.

La langue est un organe reproducteur.

L'oreille se compose en trois parties : l'oreille interne, l'oreille moyenne et la grande oreille *.

* l'oreille externe

L'oreille permet d'avoir le sens de l'équilibre. Le risque, si on en coupe une, c'est de tomber.

L'homme et le singe ont le même arbre gynécologique *.

* généalogique

Pour avoir un enfant, rien ne sert d'insister, un coup suffit, il suffit de savoir quand.

L'origine de l'eau est inconnue, cela coule de source.

L'électricité produite dans les centrales atomiques*...

*nucléaires

Les anticorps sont des êtres microcosmiques qui mangent notre corps.

Notre sang est rouge grâce à ses globules rouges tout comme celui des plantes est vert grâce aux globules verts.

Le bois a la particularité de se déplacer*.

*Le bois travaille.

Dans l'eau, on n'entend plus, le son coule.

Mathématiques

Le résultat de la racine carrée ne peut pas s'arrondir, puisqu'elle est carrée.

Ce rectangle est un carré aplati.

On constate que plus le véhicule va moins vite, plus il est rapide.

Je n'ai pas trouvé le point G.

En conclusion, Paul en a une bien plus grande que Marc.

La courbe va des croissants.

La problablilité est de...

Pour rejoindre deux salles en quatre étapes, il faut : ouvrir la porte de la première, la fermer, ouvrir celle de la deuxième et la fermer.

Sur l'axe des Ab6 * et des coordonnés **.

* abscisses

** ordonnées

Plus la machine
est jeune, moins
elle est pas chère ; et
plus elle est moins
jeune, moins
elle est chère.

*La droite T prend
la tangente.*

La probabilité que le test soit positif est de 85 %, et par déduction celle qu'il soit négatif de 47 %.

On en déduit que le nombre moyen d'enfants par femme est de 12,56... et que la probabilité que j'ai juste à cet exercice est de 0 %.

D'après l'Olgarythme *...

* le logarithme

On peut lire sur le diaphragme* que...

* diagramme

Je constate qu'elle a des superbes courbes.

La ligne droite ne l'étant pas, c'est une courbe tordue.

La proportion a doublé par quatre.

Statististictiquement…

La probabilité que survienne l'événement A est : probable.

Un triangle parfait est un carré à trois côtés.

Avertissement : le port de lunettes 3D est nécessaire pour bien apprécier cette représentation en trois dimensions !

Le cercle est encore plus parfait qu'un simple rond.

Sa longueur est de 32 centimes*.

*centimètres

Un triangle rectangle a plusieurs côtés qui sont parallèles.

Français

Il y a tant de choses à dire que je crains que le temps imparti ne soit pas suffisant. Je résumerai donc l'essentiel en une dizaine de lignes.

Je préfère ne pas répondre à cette question car mieux vaut parfois se taire que de dire une bêtise.

Dans ce texte d'Eugène Unesco*...

*Ionesco

Le costume de théâtre joue un rôle important dans la représentation d'une pièce notamment parce qu'il est préférable de ne pas se présenter nu au public.

*Comme l'a écrit Arthur Rambo *...*

* Rimbaud

Certains auteurs utilisent un pseudonyme ou seulement leur prénom. Par exemple : Hugo.

Comme l'âne d'Alphonse Baudet * qui, dans *Les Lettres de mon Moulin*, prenait le soleil sur la place de la mairie...

* Daudet

La morale de ce texte est qu'il n'y a pas forcément une morale à toutes les histoires.

Ceci est une œuvre de friction entre deux personnages.

Ce texte m'inspire des histoires gays.

Dans les adaptations modernes des pièces classiques, on devrait aussi moderniser les textes. Par exemple, quand Beaumarchais écrit « Le comte sort du cabinet d'un air confus », cela peut aujourd'hui prêter à confusion.

La poésie est donc faite pour être lue à voix haute, mais pas trop fort.

Cette forme littéraire est du Times New Roman, corps 10 ou 12.

Pagnol écrivait avec son accent et dans la langue natale de son pays.

Une image poétique, c'est, par exemple, la photo d'un bouquet de fleurs.

En conclusion, l'expression du conflit ne peut pas se passer de mots. Sauf dans le langage des sourds-muets.

L'Assommoir, d'Émile et Images.

Honoré 2 Balzac

Du côté de chez Swann, de Dave.

La beauté est source d'inspiration pour un poète. Beaucoup avaient une belle femme qu'ils appelaient leur muse et qu'ils ne voulaient pas lâcher à cause de ça.

Cyrano est complexé depuis qu'il est nez.

Les trois mousquetaires étaient en réalité quatre mais le roman a été écrit après le titre.

Madame de Rênal est une cougar amoureuse de Julien Sorel.

Dans le bar-tabac des Thénardier...

Les Thénardier lui reprochaient de faire trop de cosette.

L'*Antigone*, de Jean Lanouille*.

*Anouilh

La célèbre tirade en vers du nez de Cyrano...

Molière était pour l'école des femmes et contre la mixité.

La cathédrale de Notre-Dame de Paris fut construite en hommage à Victor Hugo.

Notre-Dame de Paris, cette comédie musicale écrite par Victor Hugo...

Germinal* a écrit de nombreux romans mais le plus connu est : Les Raisons de la colère**.

*Émile Zola

** *Les Raisins de la colère* sont un roman de John Steinbeck.

Les héros de fiction n'avaient pas encore de pouvoirs comme les super-héros actuels.

L'endroit qui me paraît le plus propice à l'inspiration et à la création du poète, ce sont les toilettes. C'est un lieu de calme et de concentration absolue.

L'Éducation sentimentale, de Gustave Flaubert, peut aujourd'hui se comparer au *Zizi sexuel*, de Zep, et le personnage principal, Frédéric Moreau, à Titeuf.

Le roman *En rouge et noir**, de Stendhal, a eu de nombreuses répercussions. Il a, entre autres, inspiré une célèbre chanson.

* *Le Rouge et le Noir*

La Castreuse de charme, de Stendhal.*

* *La Chartreuse de Parme*

Si je devais rencontrer Balzac, je lui dirais « Honoré ! »

La Cage aux folles, de Jean Giraudoux.*

* *La Folle de Chaillot*

Autre œuvre importante de Jean-Jacques Rousseau : *Le Code Rousseau.*

Cyrano de Bertignac*...

*Cyrano de Bergerac

Dans Le Père Goliot *, d'Honoré de Balzac...

* Goriot

Il n'est pas possible d'affirmer qu'il s'agit d'une narratrice puisqu'on ne la voit pas.

Les Misérables, de Victor et Hugo...

Les varices* d'Arpagon...

* l'avarice

L'œuvre de Montaigne est faite de beaucoup de tentatives.

(À propos des *Essais*, de Montaigne.)

Certaines langues ont moins de devoirs conjugaux*.

* de conjugaisons

Molaire* et Racine...

* Molière

Philosophie

La femme est légale comme l'homme.

Plancton * est considéré comme l'inventeur de la philosophie.

* Platon

Le Christ n'est pas le seul dieu, chaque peuple a le sien. Mais tous ces Christaux sont peut-être le même dieu.

La recherche
de la vérité
est importante
et, à dire vrai,
on cherche
encore.

*La vraie vérité
n'existe pas,
il n'y a que des
fausses vérités.*

Le bonheur existe, mais il n'est pas dans le pré.

*Comme dit le proverbe : « Le bonheur des Huns * fait le malheur des autres. »*

* des uns...

La recherche de la vérité est complexe. Saint Thomas disait : « Je ne crois que ce que je vois. » Pourtant, ce n'est pas parce que l'on voit une grosse et jolie poitrine qu'elle est vraie. Au contraire, le doute est même permis... Celui qui cherche la vérité ne doit-il pas alors plutôt dire : « Je ne crois que ce que je vois et peux toucher » ?

Comme disait Shakespeare : « Être ou ne pas naître *, telle est la question. »

* être

Pascal écrivait ses pensées car il ne parlait pas trop.

Histoire

*Lorsque les troupes de Napoléon avec leurs étranges chapeaux ont vaincu les Russes, la fameuse légende des Français avec leurs bérets Zina * est née.*

* Berezina

Lors de la Première Guerre mondiale, qui dura de Louis XIV à 18...

C'est une erreur de l'Histoire de dire qu'il s'agissait d'une guerre mondiale alors qu'elle avait lieu en Europe.

On peut dire que les Américains sont les premiers touristes à avoir profité des plages de Normandie.

Les Américains devaient débarquer sur les plages avant les grandes vacances pour faire le moins de morts possible parmi les civils.

Le 6 juin 1944, des barques débarquent.

Il n'est pas rare,
sur les plages
de Normandie,
de trouver encore
quelques vestiges
de la guerre : douilles,
bombes, fusils,
squelettes...

L'armée allemande ayant concentré ses troupes près du tunnel sous la Manche, les Américains débarquèrent sur les plages de Normandie.

Le peuple se rendit à la Bastille. Les révolutionnaires arrivaient de partout : des rues, des bouches de métro...

Louis XVI serait peut-être encore en vie s'il n'avait pas augmenté le prix du pain.

Auschwitz est une ville d'Allemagne connue pour sa fabrication d'eau gazeuse pétillante.

La population tzidane...

La France a connu plusieurs guerres de collations*.

*coalitions

Comparativement à l'Allemagne, les Japonais étaient petits mais puissants.

En 1945, la femme a pour la première fois le droit de sote.

1981 est l'année de l'ablation* de la peine de mort.

*abolition

En 1945, les femmes s'exercent à voter.

En 1975, c'est la loi sur l'adoption des irruptions * volontaires de grossesse.

* l'adoption de la loi sur l'interruption volontaire de grossesse

En 1982, les socialistes s'offrent 5 semaines de congés.

La couverture maladie universelle est offerte à tous ceux qui ont froid en 2000.

1961 : Bush* d'Alger.

*putsch

1955 : signature du pax* de Varsovie.

*pacte

Le mur de Berlin, construit trop rapidement en 1961, est tombé en 1989.

La loi vieille* autorise l'IVG.

*Veil

Le 4 juin 1920, traité de pet* au Trianon.

*paix

L'Europe n'a plus de frontières, les hommes et les animaux peuvent désormais circuler librement d'un pays à l'autre.

1947 : plan Maréchal*.

* Marshall

On passe de l'Europe D10 à l'Europe D12.

En 1973, c'est l'Europe déneuf.

1985 : signature des accords de Chêne Gaine*.

*Schengen

Lors du congrès du Parti coco de l'Union soviétique...

Les États-Unis et l'Union soviétique font la guerre de l'espace.

Les trente glorieuses, ces trente femmes les plus importantes du début du XXe siècle...

Charles, dit « de Gaulle » en référence à la France...

Les grandes révolutions socialistes avaient lieu en octobre.

Il y avait en France un fort courant xylophone* à l'égard des Algériens.

*xénophobe

De Gaulle était impuissant.

Au Conseil, on doit utiliser la force lorsque les hommes sont violés.*

*Le Conseil encadre le recours à la force lorsqu'il y a violation des droits de l'Homme.

Jacques Chirac avait un membre actif dans toute l'Europe*.

*La France est un membre actif de l'Union européenne.

L'ONU est le seul pays qui a le droit d'intervenir.

Lionel Jospin prend Jacques Chirac dans la même position que lui*.

*Ils adoptent la même position.

Son anal* n'est pas correcte.

*analyse

Les Européens ont des gros noyaux*.

* noyaux industriels

La prédestinée d'un homme qui porte le nom d'un super-héros : Truman.

Fidel Gastro *
pendant la crise de la baie des Cochons…

* Castro

Certains problèmes internationaux se règlent sous le bureau.

La crise chirackienne*.

* irakienne

Certains Français étaient pour les dépendances* en Algérie.

* l'indépendance

La guerre d'Indochine (bientôt le prochain album !!!) se termine en 1954.

Pendant la construction du mur de Berlin, il a fallu choisir de quel côté on voulait rester.

La guerre du Golfe a fait plus que 18 trous !

Le président de la République fait attention au respect, il surveille que tout soit de bonne constitution.*

*Il veille au respect de la Constitution.

Le président de la République est élu pour 5 ans au suffrage de tous*.

*suffrage universel

La loi est rotée*
par le Parlement.

*votée

Avec Angela Merkel,
François Hollande
se tend.

Angela Merkel
ne s'ouvre pas,
elle reste fermée
comme une huître.

Chirac décide alors de faire un grand écart.

L'histoire est jalonnée de symboles, comme lorsque Mitterrand et Kohl s'étaient tenu la main pour le mariage gay.

Les Allemands s'occupent en France.*

*occupent la France

De Gaulle crie depuis l'Angleterre pour demander aux Français de continuer à se battre.

Les résistants se cachent dans le marquis*.

* le maquis

Les cons voient* allemands.

* convois

Depuis Londres, de Gaulle téléphone aux Français.

Les chars russes entrent dans Varsovie et écrasent les Hongrois.

Mickey* Gorbatchev.

* Mikhail

La mère patrie,
cette grande tsarine
considérée comme
la mère des peuples
de l'Union soviétique...

*Mieux vaut un régime
aux pastilles Vichy que
le régime de Vichy.*

Les Français
continuèrent à faire
de la lutte*.

*à lutter

Les chars de chez Leclerc entrèrent dans Paris.

Le mythe de Vichy comme bouclier protecteur contre les Allemands s'en branle.*

* est ébranlé

Dans la population,
la croyance père dur*.

*perdure

*La France était dirigée depuis
l'Allemagne, à Vichy.*

« Paris outragé... »,
célèbre discours du
général de Gaulle
prononcé depuis
son hôtel, à Paris*.

*l'hôtel de ville de Paris

L'intervention des forces du pack * de Varsovie.

*pacte

La croix gommée, symbole de l'Allemagne nazie.

Les femmes avaient des pertes.

Pour l'occasion, le Vélodrome d'hiver était ouvert même l'été.

1945 : tchat* des Nations unies.

*charte

1958 : naissance de Charles de Gaulle*.

*naissance de la Ve République

1997 : désolation* de l'Assemblée nationale.

*dissolution

Après l'évaporation de l'Assemblé nationale...*

*la dissolution

En 2000, on déforme* la Constitution.

* réforme

Le président de la République a 5 ans.

(À propos de la durée de son mandat.)

Le confit* était terrible.

* conflit

1957 : signature du traité de rhum *.

* Rome

Le décès de Charles de Gaulle a entraîné l'érection * de Georges Pompidou.

* élection

Henri Basinger *.

* Kissinger

Lors de sa conférence de fesse * du 31 janvier 1964, le général de Gaulle...

* presse

Le président de la République n'a pas de superpouvoirs.

Les tâches du président de la République sont nombreuses : le Premier ministre*, les ministres et tous les membres du gouvernement.

*Le président choisit le Premier ministre...

Le Premier ministre est complexé*.

*Le rôle du Premier ministre est complexe.

La décomposition* du Sénat.

*composition

Le garde des sots *

* des Sceaux

En 1995, Jacques Chirac reconnaît avoir déporté des juifs *.

* Il reconnaît la responsabilité de l'État français dans la déportation.

1998 : procès Pimpon * à Bordeaux.

* Papon

*Les cendres de Jean Moulin sont transférées au Pantalon *.*

* Panthéon

Les cendres de
Jean Moulin sont
transformées*
au Panthéon.

*transférées

Jean Moulin, dont
les cendres furent
transportées en Grèce...

1987 : inculpation
de Klaus Barbu*.

*Barbie

En 1965, de Gaulle bat Mitterrand au deuxième round*.

*tour

1971 : congrès des Pinés*.

*d'Épinay

En 1981, Mitterrand l'emporte sur IVG*.

*VGE : Valéry Giscard d'Estaing

1954 : accord de Genève en Indochine.

L'ORTF*
mène des actions terroristes en Algérie.

*l'OAS

1973 : choc des pétroliers*.

*premier choc pétrolier

1944 : débarquement sur les plages allemandes*.

*normandes

La troisième République terminée, on passe la cinquième.

Les tranchées creusées sur les plages d'Alsace...

Les juifs sont rapportés*.

*sont déportés

Les juifs sont amenés dans des ports.*

*sont déportés

L'Afghanistan est envahi par les croupes* soviétiques.

* troupes

1950 : guerre de Coran.*

* Corée

Entre 2004 et 2007, l'Europe se reproduit et passe de 25 à 27.

En France, c'est le non qui l'emporte au sondage de tous*.

*référendum

1955 : conférence afro-asiatique de Samsung*.

*Bandung

1963 : jet* des premières troupes américaines au Vietnam.

*envoi

En 1975, le Vietnam se recolle*.

* réunification du Vietnam

États-Unis et URSS s'opposent, les deux packs* se font face.

* les deux blocs

Valéry Giscard d'Estaing souhaite que les femmes soient plus libérées.

Jacques Chirac collabite*.

*cohabite

Le Premier ministre est le responsable de la défonce* nationale.

*défense

Le Premier ministre assure les exécutions*.

* l'exécution… des lois

Le président de la République a été réduit.

(À propos de la durée du mandat du président.)

Les relations sont chaudes, c'est la guerre froide.

Les droits fondamentaux de l'homme se retrouvent aussi dans la chatte*.

*dans la charte des Nations unies

Le transport par voie vaginale*...

*navigable

La guerre de 1914-1998.

De Gaulle est mort à la fin de sa vie.

Au temps où les saigneurs vidaient les bourses des paysans...

Et c'est plus qu'un symbole si la prise de la Bastille s'est déroulée un 14 juillet, c'est-à-dire le même jour que la fête nationale.

Comme à l'époque où les chevaliers partaient en croisière*…

* croisade

Telle Jeanne d'Arc morte sur le boucher*…

* bûcher

Lorsque Richelieu créa la star académie française…*

* l'Académie française

Russes et Américains firent la course jusqu'à la Lune.

Les armées française et allemande attendaient chacune de leur côté de la ligne de mire*.

*ligne Maginot

Les Allemands se sont fait prendre en sandwich.

Le président de la République est condamné pour 5 ans.

Les soldats allemands étaient robustes, c'était la qualité allemande.

Mitterrand perd les élections et mourra quelque temps plus tard d'un cancer de l'utérus.

En 1944, les États-Unis entrent en guerre et envahissent la France.

Napoléon créa l'Europe pour ne plus avoir à envahir les pays.

Le monde est divisé en deux blocs : le béton russe d'un côté, et le parpaing américain de l'autre.

En 1986 a lieu la première collation *
entre François
Mitterrand et Jacques
Chirac.

* cohabitation

La Ve République avec un V en signe de victoire...

Nicolas Sarkozy sort, il laisse la place et permet à François Hollande d'aller enfin sur le trône.

Hitler était obsédé par une chose : la quête du Saint-Graal.

En Algérie, des militaires commettent des attentats avec l'OASIS*.

*OAS

Les grandes tranchées de la ligne Vaginot*...

*Maginot

Les Américains envoyèrent deux bombes astronomiques*.

*atomiques

La première bombe péta sur Hiroshima et la deuxième bombe péta sur Nagasaki.

Les bombes d'Hiroshima et Kawasaki*.

* Nagasaki

Le pilote américain ne s'est pas retenu, il a largué au-dessus du Japon.

Deux bombes anatomiques...*

* atomiques

La bombe à Thomique*...

*atomique

Le 6 joins* 1944...

*juin

Le 11 septembre, les deux avions se sont scotchés dans les tours.

Pétain et Hitler se sont serré la main pour se dire bonjour.

La guerre froide a pris fin avant le réchauffement climatique.

Les soldats français se sont fait prendre par les Allemands.

Les condamnés à tort* étaient guillotinés.

*à mort

Le massage des Moscovites dans les rues...*

*Les Moscovites massés dans les rues...

La grande OURS*...

*URSS

1968 est l'année
de la révolution
des biques-niques*.

* beatniks

1959 :
nationalisation
du canal d'EDF*.

* de Suez

Dans la civilisation
pastèque*...

* aztèque

*Les masseuses batteuses * ont révolutionné l'agriculture.*

* moissonneuses-batteuses

Les bourses des Américains sont tombées.

(À propos du krach boursier de 1929.)

En 1929, un jeudi, on crache les bourses noires en signe de contestation.

(À propos du krach boursier de 1929 et du Jeudi noir.)

La décolonisation marque la fin des colonies de vacances à l'étranger.

Pendant que la paysanne vaquait à ses occupations, le paysan la bourrait.*

* labourait

Les femmes prennent de plus en plus de place.

(À propos de la place et du rôle des femmes dans la société.)

Géographie

Les importations en provenance des Lentilles *...

* des Antilles

Le Coca-Cola est la principale culture de la Colombie.

Les champs de cigares sont la principale ressource de Cuba.

La Bretagne est un gros producteur de cochons, de légumes et de crêpes.

Le Moyen-Orient produit moins pour augmenter le coût du baril de vin*.

* de pétrole

En Afrique du Sud, à Joanne et Sburg*...

* Johannesburg

La grande majorité des Égypchiens*...

* Égyptiens

La pauvreté est concentrée sur environ un tiers de la superficie de la planète, c'est le tiers-monde.

La population afro-disiaque*...

*afro-asiatique

En observant la pornographie* du port de Rotterdam...

*photographie

Les métropoles, ces grandes villes qui ont le métro...

Malgré les aides reçues, elle est toujours en crise de transit.

(À propos des crises de transition des territoires.)

La BNP * de la France.

* le PNB

Le gros porc * de Rotterdam...

* port

Les Africains ont un retard de développement.

C'est un grand Auchan * d'échange.

* carrefour

La France s'ouvre en bas du Rhin jusqu'à la forêt Noire.

Il y a une mondialisation des échanges de flux.

(À propos de la mondialisation des flux commerciaux.)

Beaucoup veulent sexepatrier*.

* s'expatrier

La pression est du côté de Poutine car il a des gaz.

La jolie vallée du rein*...

*Rhin

La principale ressource de la Russie est le gaz naturel de Poutine.

La baisse de la fertilité des Asiatiques explique que la population soit de plus en plus âgée.*

*du taux de fécondité

Les Asiatiques ont un gros PIB et pourtant leur taux de fécondité baisse.

Ceux qui ont les plus grosses bourses sont américains, japonais et chinois.

Grâce à la qualité de ses infractrucstures...

1970 : création de l'agence de francofolie*.

* de la francophonie

Le gaz du duc de la mer Baltique…*

* le gazoduc

Le trafic sur le rein*…

* Rhin

Les Anglais ne souhaitent pas vraiment faire le marché en commun*.

* le marché commun

Tokyo est totalement mégalo*.

* est une mégalopole

Les mégalopoles ont un réseau de transport très développé avec notamment des métropoles*.

* le métro

Les Africains font de gros besoins*.

* L'Afrique a des besoins importants.

Les îles Tropicana*...

* tropicales

La ville la plus puissante du monde est sans contestation possible : les États-Unis.

La Nouvelle-Calédonie, grâce à ses réserves de Nike*...

*de nickel

Sur ce fond de tarte*, on observe des points noirs.

*de carte

L'Asie du Sud-Est est un gros producteur de préservatifs.*

*de caoutchouc

L'Île-de-France est entourée par la Seine.

Dans certaines villes, le principal problème de l'insécurité, c'est la sécurité.

La France a une position géographique privilégiée, elle est le centre du monde.

Les pauvres ont la fâcheuse tendance à se regrouper dans des pays pauvres.

Sur cette carte, on observe que du nord au sud et de l'ouest vers la droite...

Sciences économiques et sociales

Pendant que les hommes travaillent, les femmes font des enfants.

Les hommes doivent satisfaire leurs besoins naturels.

Les femmes sont plus flexibles que les hommes.

(À propos de la flexibilité du temps de travail.)

L'inflammation * de la zone euro.

* l'inflation

C'est l'élasticité * du temps de travail.

* la flexibilité

En 1982, près de 33 % des Français* avaient deux emplois à temps plein.

*des ménages

Dans un emploi instable, la personne est sur un siège éjectable.

On constate que la mortalité infantile est en baisse, surtout chez les vieillards.

De génération en génération les fils d'agriculteurs sont des enfants d'ouvriers.

Le tableau indique que les enfants naissent plus vivants qu'avant.

Le plus grand danger pour l'économie serait que les chômeurs fassent grève.

En France, à cause de la loi du travail qui réglemente le travail de nuit, des entreprises ouvrent et ferment tous les jours.

La population japonaise est trop importante par rapport à la superficie et il faut croire que si les Japonais avaient une taille normale, il n'y aurait pas de place pour tous.

Les femmes ont désormais des lave-vaisselle, elles peuvent donc commencer à travailler.

La loi de l'offre et de la demande c'est comme les rapports hommes-femmes. Les premiers demandent et les secondes offrent ce qu'elles ont. Là où tout se complique, c'est quand la demande est plus importante que l'offre...

L'État est partout. C'est un état d'esprit, un état d'âme.

François Hollande souhaite balancer l'économie.*

*relancer

La fabrique de jeans Lee Cooper créée par Jean Lee Cooper...

Le Smig était un avion de chasse connu sous le nom de Smig-21.

On remarque que les femmes sont beaucoup plus touchées par le chômage que par les hommes.

On oublie trop
souvent que
la flexibilité du
temps de travail,
c'est aussi de
prévoir des temps
pour faire la sieste.

Pour faire le ménage,
une personne suffit.*

*Au sens économique, un ménage définit une unité de consommation. Il peut donc être composé d'une seule personne.

Contactez l'auteur
et retrouvez tous ses livres sur
www.gaulet-livres.com